PATRICIA ST. JOHN

Ilustrado por Catherine Pape

Nunca dejen de orar. Sean agradecidos en toda circunstancia,
pues esta es la voluntad de Dios para ustedes,
los que pertenecen a Cristo Jesús.

1 Tesalonicenses 5:17-18

La oración es una aventura
Patricia St. John

Título del original: *Prayer is an Adventure* © 2020 por Christian Focus Publications, Geanies House, Fern, Tain, Ross-shire, IV20 1TW, Escocia, Gran Bretaña. Traducido con permiso.
Texto © Patricia St John

Search the Bible © Christian Focus Publications.

Edición en castellano: *La oración es una aventura* © 2022 por Editorial Portavoz, filial de Kregel Inc., Grand Rapids, Michigan 49505. Todos los derechos reservados.
Ilustraciones y diseño de portada © 2020 por Catherine Pape
Diseño interior: Pete Barnsley Creative Hoot/C Mackenzie

EDITORIAL PORTAVOZ
2450 Oak Industrial Drive NE
Grand Rapids, Michigan 49505 USA

Visítenos en www.portavoz.com

ISBN 978-0-8254-5985-6

1 2 3 4 5 ◆ 26 25 24 23 22

Impreso en Colombia
Printed in Colombia

CONTENIDO

¿Qué es la oración?

Para entender lo que es la oración, primero debes entenderte a ti mismo. ¿Sabías que estás compuesto de tres partes y que todas son importantes? Estás compuesto de cuerpo, mente y espíritu.

Con tu cuerpo te comunicas más con otras personas. Hablas con ellas, las escuchas, las tocas, las ves. Juegas con ellas y trabajas con ellas.

Con tu mente te comunicas más con otras cosas; lees libros, ves la televisión, aprendes en la escuela, escuchas música, disfrutas de los entretenimientos. Con tu espíritu te comunicas con Dios.

En nuestro mundo occidental, oímos muy poco sobre esa parte de nosotros llamada espíritu, y es extraño porque, al ser la única parte de nosotros que durará para siempre, es realmente la más importante. Entonces, ¿por qué oímos tan poco sobre ella?

Observa los anuncios de

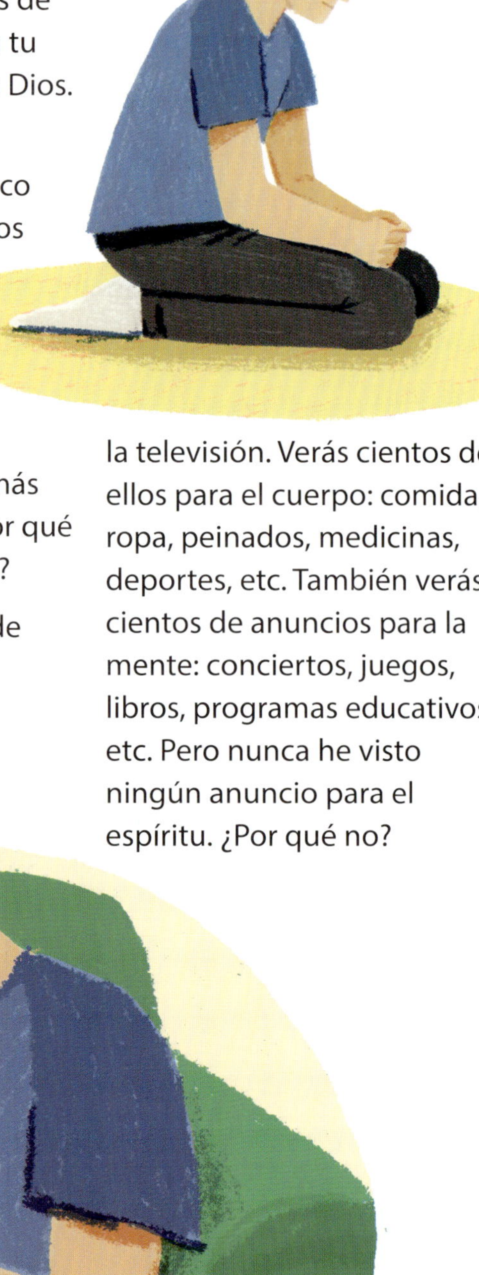

la televisión. Verás cientos de ellos para el cuerpo: comida, ropa, peinados, medicinas, deportes, etc. También verás cientos de anuncios para la mente: conciertos, juegos, libros, programas educativos, etc. Pero nunca he visto ningún anuncio para el espíritu. ¿Por qué no?

Porque el motivo de un anuncio es hacer dinero, y las cosas que Dios da a nuestro espíritu son gratuitas. Cuando se lo pedimos, Él nos da perdón, paz, valor, conocimiento de Su amor y también nos da vida eterna. Ninguna de estas cosas se puede comprar con dinero. Así que la oración es tu espíritu comunicándose con Dios. Es pedirle lo que Él desea dar. Es agradecerle y contarle nuestras necesidades y las necesidades de aquellos a quienes amamos.

Quizá no estés seguro del todo de que hay un Dios que te escucha cuando oras. Si es así, y si realmente quieres conocerle, puedes hacer esta oración:

"Oh Dios, quiero conocerte. Si estás ahí, por favor muéstrate a mí, o dame alguna señal".

Dios no siempre responde al instante, pero si sigues orando así pacientemente, te responderá en Su tiempo. Si un niño está perdido e intenta encontrar el camino hasta su casa, puedes estar seguro de que su papá y su mamá también le están buscando, porque le aman. Así que si estás buscando a Dios, puedes estar seguro de que el Dios que te ama también te está buscando.

Gorriones en el parque

Una señora que conozco pasó mucho tiempo en el hospital, y cuando salió estaba muy cansada y deprimida. Quería que Dios le ayudara, pero no podía estar segura de que Dios le amaba o cuidaba de ella, así que oró algo como esto: "Oh Dios, necesito mucho tu ayuda. Si estás ahí realmente, y si me amas, por favor dame alguna señal"

No ocurrió nada al principio, pero un día su esposo se fue con ella y sus dos hijos al parque. Estaban jugando y ella estaba sola. De repente, vio algo que le recordó a Jesucristo y lo que Él había hecho por ella. Lo que vio fue algo que ella describió como una "cruz de gorriones" en el suelo delante de ella. Los gorriones estaban ahí, en el suelo, formando una cruz. Ella se quedó mirándolos, pero no se movieron. La cruz de Jesucristo es una señal de que Dios nos ama tanto, que estuvo dispuesto a morir por nosotros. Mi amiga se acordó de la cruz de Jesús y comenzó a orar, sabiendo que Dios estaba ahí y que sin duda alguna le ayudaría

Quizá Dios no responda a tu oración de ese modo porque Dios no suele tratar igual con todas las personas. Él nunca creó dos huellas digitales o dos copos de nieve iguales, y tú eres especial y distinto al resto de las personas. Dios tiene una forma especial y una respuesta especial solo para ti.

¿Con quién hablo?

Cuando pensamos en orar a Dios, es bueno recordar lo grande que es Él. Vemos señales de ello en Su creación: la belleza del amanecer y del atardecer, el milagro constante de la primavera (¿cómo se convierte una pequeña semilla en una flor?), la fuerza del viento y de las olas. Cuando ves la vida salvaje o un programa sobre la naturaleza, o escuchas una charla sobre el misterioso universo de las estrellas y el espacio, o piensas en las maravillas de tu propio cuerpo saludable, ¿no te asombras? ¿No te preguntas quién lo diseñó todo? ¿A quién se le ocurrió? ¿Quién hace que todo siga funcionando?

La gente en la actualidad te dirá que no existe ningún Creador, que la vida se produjo por la fusión casual de átomos que evolucionaron a formas más complejas. Pero aunque yo no creyera en Dios, esa teoría me resultaría muy difícil de aceptar.

Tengo un bonito reloj hecho en Suiza y marca muy bien las horas. Si me dijeras: "Tu reloj no es tan extraordinario. Alguien lanzó al aire varias piezas de metal, y por casualidad se armó tu reloj", me reiría de ti. Yo no podría aceptar esa teoría. Pero si me dijeras: "Fue un cerebro brillante y unas manos con mucha destreza los que diseñaron tu reloj", te creería en seguida. Y cuando miro el poder, la belleza y el orden del universo que me rodea, sé que hay un Creador que lo hizo todo. Escucha lo que dijeron los escritores de la Biblia sobre esto hace miles de años

David escribió: "Cuando miro el cielo de noche y veo la obra de tus dedos —la luna y las estrellas que pusiste en su lugar—, me pregunto: ¿qué son los simples mortales para que pienses en ellos, los seres humanos para que de ellos te ocupes?" (Salmo 8:3-4).

Isaías escribió: "Levanten la mirada a los cielos. ¿Quién creó todas las estrellas? Él las hace salir como un ejército, una tras otra, y llama a cada una por su nombre. A causa de su gran poder y su incomparable fuerza, no se pierde ni una de ellas" (Isaías 40:26).

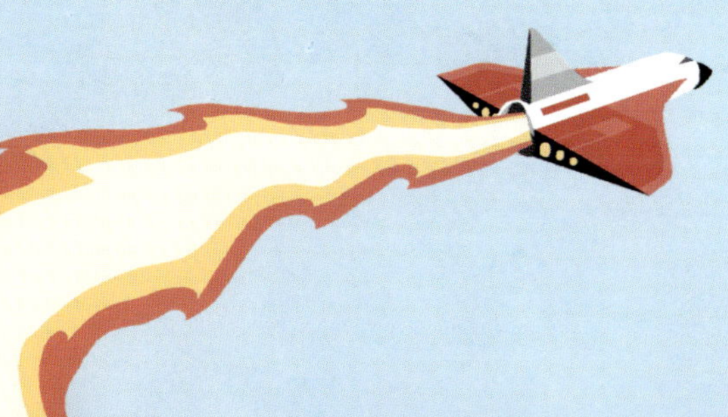

Nuestro Creador amoroso

Job escribió: "Dios extiende el cielo del norte sobre el espacio vacío y cuelga a la tierra sobre la nada. Envuelve la lluvia con sus densas nubes y las nubes no estallan con el peso" (Job 26:7-8).'

Una vez hablé con un hombre que decía que creía en Dios, pero añadió: "Cuando pienso en la inmensidad del espacio y en el diminuto punto que es el planeta Tierra, y luego recuerdo el tamaño relativamente pequeño de una persona sobre la tierra, no puedo creer que Dios se interese por mí individualmente".

Pero ese hombre estaba equivocado; después se dio cuenta de que el Creador también es nuestro Padre. La Biblia nos dice que así como un padre se compadece de sus hijos, el Señor tiene misericordia de los que le temen. También dice: "ni un solo gorrión puede caer a tierra sin que el Padre lo sepa" (Mateo 10:29).

Este Padre quiso que Sus hijos le conocieran, así que envió a Su Hijo para convertirse en hombre: el Dios-Hombre, Jesús. Y cuando vemos la vida de Jesús en los Evangelios, aprendemos cómo es Dios.

Jesús amaba y se interesaba por las personas a las que nadie hacía caso. Tocó y sanó a leprosos que nadie más tocaba. Fue tan paciente y amable con personas cuyas vidas eran malas y pecaminosas que muchos de ellos terminaron cambiando mucho. Él tuvo tiempo para los niños que otros querían alejar. Consoló a los tristes y sanó a los enfermos, y aunque

Pues tú eres grande y haces obras maravillosas; solo tú eres Dios.

(Salmo 86:10)

Una oración para celebrar

Este es el día que hizo el SEÑOR; nos gozaremos y alegraremos en él.

(Salmo 118:24)

era realmente Dios, decidió vivir como un hombre pobre para poder alcanzar y ayudar a los pobres. "¡Los que me han visto a mí, han visto al Padre", dijo Jesús.

He oído que hay una catedral en Francia con un techo hermosamente tallado. Los turistas se quedan de pie con el cuello torcido mirando hacia arriba, pero solo pueden ver un trocito a la vez, y no tienen una impresión del conjunto.

Pero al salir, un hombre mayor se acerca a ellos y les lleva hasta la pila bautismal. Por unas pocas monedas retira la tapa y ahí, reflejado en el círculo de agua cristalina, se puede ver una gran superficie del techo, en pequeño tamaño pero perfecto.

Así como ese hombre ayudaba a otros a ver el techo, Jesús nos enseña cómo es el Padre porque Él mismo es Dios. Él es el Hijo de Dios. No podemos mirar al cielo y ver al gran Creador, pero podemos mirar la vida perfecta y sin defecto de Jesús y decir: "Así es Dios".

Oraciones y alabanzas de Moisés

¿Quién soy yo para presentarme ante el faraón? ¿Quién soy yo para sacar de Egipto al pueblo de Israel? (ÉXODO 3:11)

Oh Señor, entre los dioses, ¿quién es como tú: glorioso en santidad, imponente en esplendor, autor de grandes maravillas. (ÉXODO 15:11)

Si es cierto que me miras con buenos ojos, permíteme conocer tus caminos, para que pueda comprenderte más a fondo y siga gozando de tu favor. (ÉXODO 33:13)

Petición de Ana

Oh, Señor de los Ejércitos Celestiales, si miras mi dolor y contestas mi oración y me das un hijo, entonces te lo devolveré. Él será tuyo durante toda su vida.

(1 Samuel 1:11)

Oración de agradecimiento de Ana

¡Mi corazón se alegra en el Señor! El Señor me ha fortalecido… me alegro porque tú me rescataste. ¡Nadie es santo como el Señor! Aparte de ti, no hay nadie; no hay Roca como nuestro Dios.

(1 Samuel 2:1-2)

¿Por qué orar?

Hay dos razones por las que deberíamos orar: una es de Dios y la otra, nuestra. La razón de Dios es esta:

Él te ama y anhela comunicarse contigo.

Qué hogar tan extraño y triste sería si llegaras de la escuela, tomaras tu merienda, hicieras tu tarea y te fueras a la cama sin hablar ni una sola palabra con tus padres ni tenerles en cuenta para nada.

¡Qué tristes se sentirían ellos! Ellos te aman, y tu mamá probablemente había estado esperando a que llegaras y había preparado tu merienda favorita. Qué triste estaría ella si tú pasaras y no dijeras tan siquiera "Hola", o "Gracias", o "Buenas noches".

Sin embargo, muchas personas tratan así a Dios. Él es el gran Dador. El sol y la lluvia, la salud y el poder para disfrutar, la luz y la belleza, todo proviene de Él. La ropa que llevas, todo proviene de Él; y la comida que tomas hoy que creció en un huerto o se compró en una tienda todo vino directamente de Dios. Sin embargo, muchas personas nunca dicen gracias. De hecho, nunca piensan en Él.

Él está ahí siempre, cuidando de ti aunque tú no puedas verle. Él te ama, y un amor así anhela ser comunicado y reciprocado. Nuestro amor y agradecimiento son preciosos para Él, y esa es la primera razón por la que deberíamos orar.

La segunda razón es que

nosotros necesitamos la ayuda de Dios y Él se la da a los que se la piden.

Quizá pienses que te puedes valer por ti solo, o que si tuvieras muchos problemas tus padres te ayudarían; pero hay momentos en la vida en que no podemos hacer nada y nuestros padres tampoco pueden ayudarnos, momentos de desastres repentinos o enfermedades, la muerte o el fracaso, la ruptura de una amistad o incluso de un hogar. En esos momentos muchas personas que normalmente nunca piensan en Dios comienzan a orar.

Si nunca hablaras con tu padre a menos que quisieras algo, probablemente él diría, y con razón: "¿Por qué debería ayudarte? Tú nunca piensas en mí". Dios podría decir eso con toda la razón, pero no lo hace, sino que dice:

"Luego llámame cuando tengas problemas, y yo te rescataré..."

Él nos ama tanto que siempre nos da la bienvenida cuando acudimos a Él, pero anhela darnos mucho más de lo que pedimos.

Oí de un hombre llamado Harry cuyo submarino se hundió en el fondo del mar, y la tripulación pensó que ya no saldrían de allí. Pero años atrás, en la escuela dominical, Harry había aprendido sobre Dios, y se acordó y oró. De forma asombrosa, el submarino salió a la superficie y la tripulación fue rescatada. Harry no se olvidó. Comenzó a leer su Biblia y a aprender de Aquel que le había rescatado. Ahora pasa su vida hablándole a la gente acerca de su maravilloso Salvador.

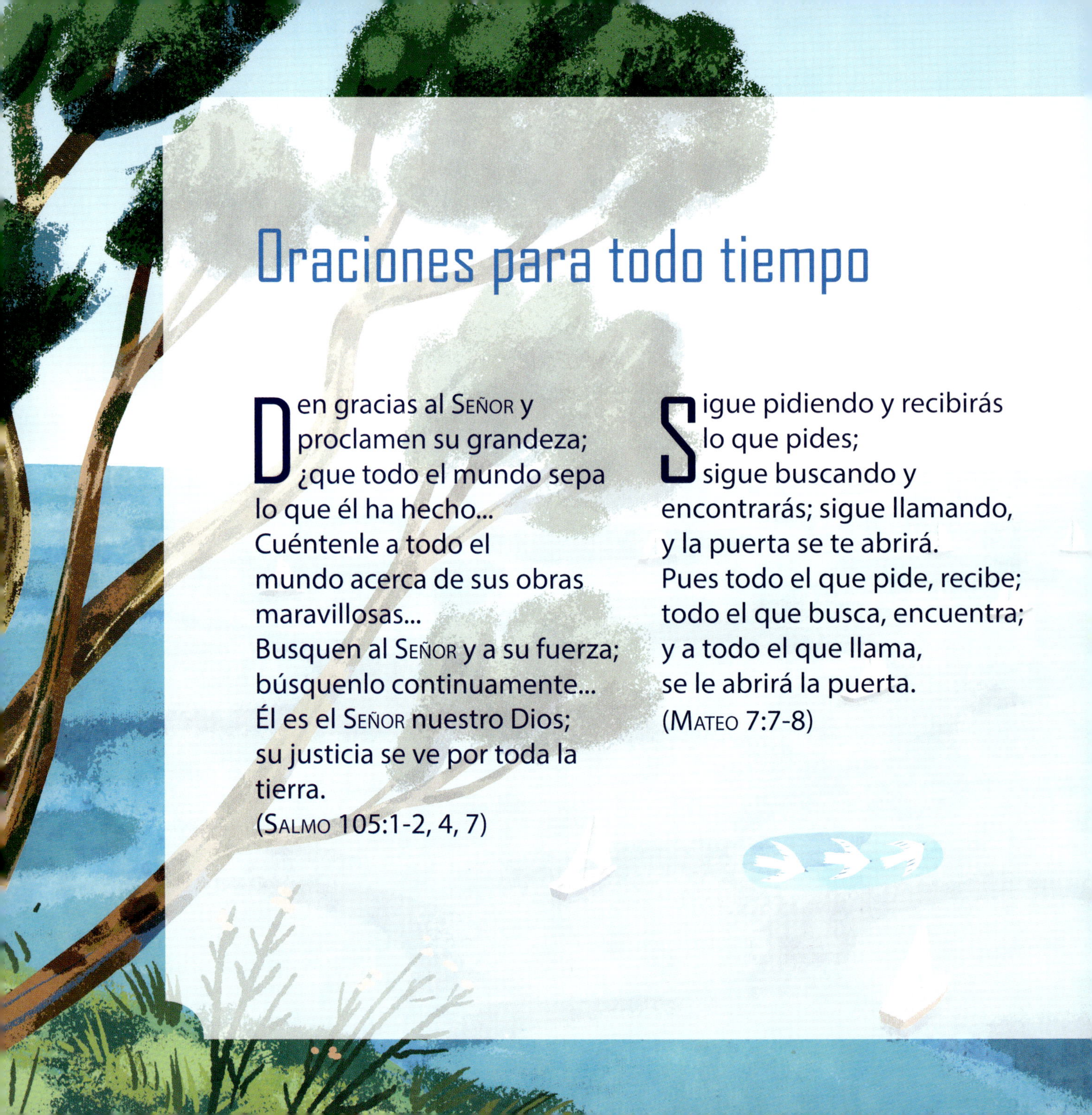

Oraciones para todo tiempo

Den gracias al Señor y
proclamen su grandeza;
¿que todo el mundo sepa
lo que él ha hecho...
Cuéntenle a todo el
mundo acerca de sus obras
maravillosas...
Busquen al Señor y a su fuerza;
búsquenlo continuamente...
Él es el Señor nuestro Dios;
su justicia se ve por toda la
tierra.
(Salmo 105:1-2, 4, 7)

Sigue pidiendo y recibirás
lo que pides;
sigue buscando y
encontrarás; sigue llamando,
y la puerta se te abrirá.
Pues todo el que pide, recibe;
todo el que busca, encuentra;
y a todo el que llama,
se le abrirá la puerta.
(Mateo 7:7-8)

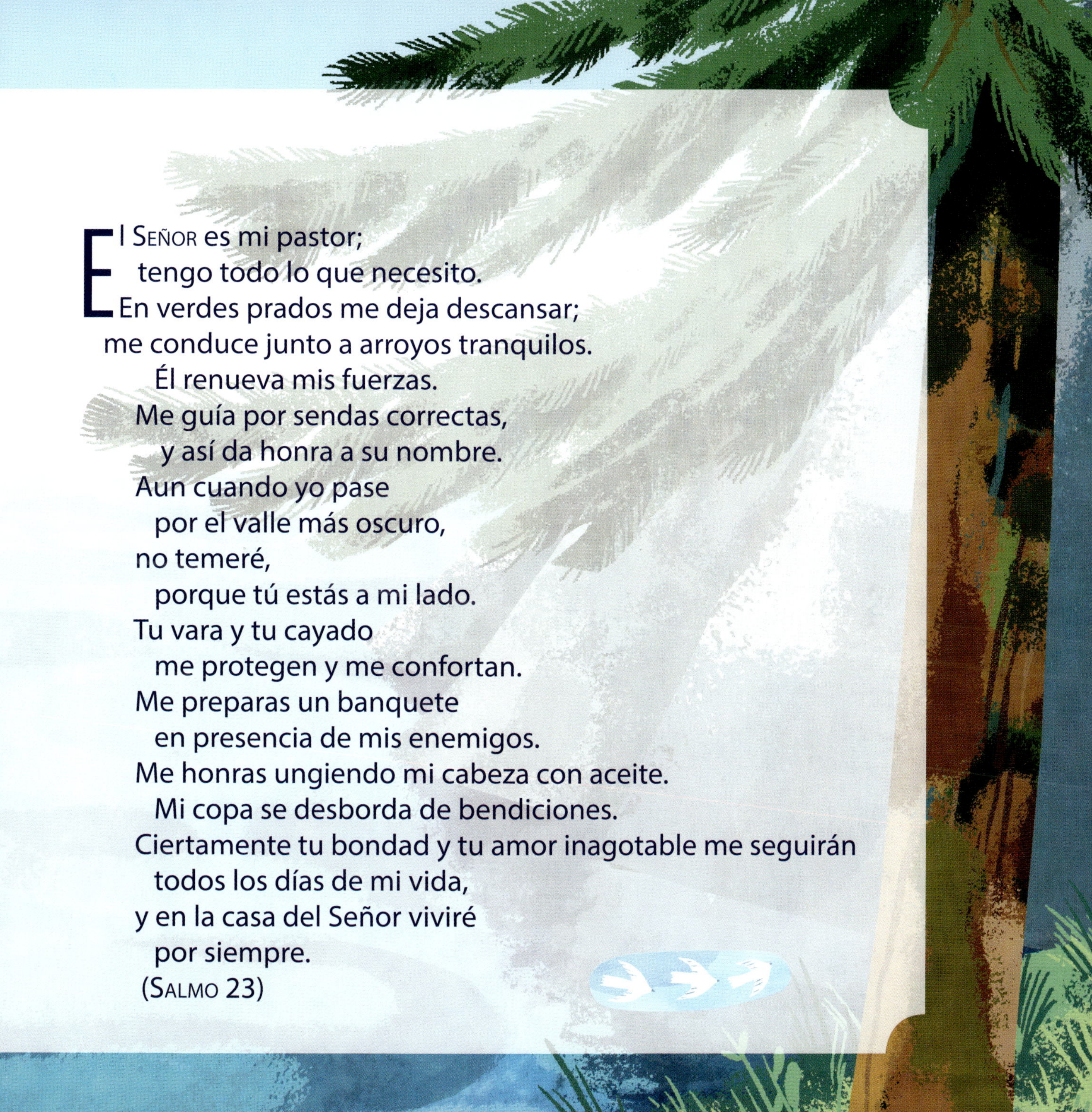

El Señor es mi pastor;
  tengo todo lo que necesito.
En verdes prados me deja descansar;
me conduce junto a arroyos tranquilos.
  Él renueva mis fuerzas.
  Me guía por sendas correctas,
    y así da honra a su nombre.
  Aun cuando yo pase
    por el valle más oscuro,
no temeré,
    porque tú estás a mi lado.
  Tu vara y tu cayado
    me protegen y me confortan.
  Me preparas un banquete
    en presencia de mis enemigos.
  Me honras ungiendo mi cabeza con aceite.
    Mi copa se desborda de bendiciones.
Ciertamente tu bondad y tu amor inagotable me seguirán
    todos los días de mi vida,
y en la casa del Señor viviré
    por siempre.
(Salmo 23)

Dios nos ama y nos ayuda

En la Biblia leemos de diez leprosos que acudieron a Jesús y le pidieron que les sanara. Jesús sanó a todos mediante el poder de Dios que estaba en Él, y todos se fueron corriendo a casa llenos de gozo. Pero uno se detuvo, se dio la vuelta y regresó. Se arrodilló, le dio las gracias y Jesús se alegró mucho.

"¿No sané a diez hombres?", dijo Jesús, "¿Ninguno volvió para darle gloria a Dios excepto este extranjero?… Levántate y sigue tu camino. Tu fe te ha sanado" (Lucas 17:17-20).

Ese leproso recibió mucho más que los otros; los otros nueve se alegraron porque fueron sanados, pero el décimo tuvo el privilegio de conocer a su Sanador. Se fue sabiendo que Jesús siempre estaría con él, siempre sería su amigo y siempre estaría ahí cuando lo necesitara.

Hay otra bella historia en la Biblia, en el libro de Génesis, sobre una mujer llamada Agar que iba de viaje por el desierto con su hijo de trece años. Se dirigían a su casa en Egipto. Ella llevaba comida y un gran cántaro de agua, suficiente para llegar al siguiente oasis. Pero de algún modo se perdieron y vagaron en círculos, y cada vez tenían más sed.

Y ahora el cántaro estaba vacío y ella miraba a su hijo. Sus labios estaban resecos y sus ojos vidriosos. Estaba a punto de desmayarse. "Ambos moriremos", pensaba ella, "pero no puedo sentarme y verle llorar por agua". Le puso a la sombra de un arbusto en el desierto y se alejó un poco. Arrodillada en la arena, lloraba y lloraba.

Pero el niño bajo el arbusto (su nombre era Ismael) se acordó. Había aprendido sobre Dios de su padre, y ahora, a

punto de morir, susurró: "Agua,
Señor; necesito agua".

Fue su madre la que oyó la
voz: "Agar, alza tu mirada. Dios
ha escuchado la oración de tu
hijo. Abre tus ojos".

Ella alzó su mirada para ver
quién hablaba, pero no había
nadie. Pero justo delante de
ella brotaba agua limpia de
la arena. Apresuradamente
llenó su cántaro de agua y
corrió hasta Ismael. No era
demasiado tarde. Bebieron los
dos y siguieron por su camino.

Así que oramos por dos
razones:

Primero, porque Dios nos
ama y anhela que nos
acerquemos a Él. Segundo,
porque necesitamos la
ayuda de Dios en la vida.

Oración por protección

Pero tú ves los
problemas y el
dolor que causan;
lo tomas en cuenta
y los castigas...
tú defiendes a los
huérfanos.
(Salmo 10:14)

Comenzar a orar

Cuando comienzas a orar, como cualquier otro asunto, puede parecer muy fácil. Según aprendes más, puede resultar más difícil, pero también mucho más satisfactorio. Nosotros tenemos una mesa de billar en nuestro garaje, y los niños del barrio vienen a jugar. Un día estábamos hablando y les pregunté si ellos oraban. Uno dijo: "Yo oré cuando mi mamá estaba enferma". Otros dijeron que nunca habían orado, porque no sabían qué decir.

Les dije que algunas oraciones en la Biblia que Jesús respondió eran solo de

tres o cuatro palabras: "Señor, ayúdame", "Señor, sálvame", "Señor… tú puedes limpiarme". Les dije que lo intentaran cuando las cosas parecieran difíciles.

Pocos días después salí en el auto. Llovía muy fuerte y hacía mucho frío. Al girar hacia la carretera vi cuatro siluetas apiñadas en el porche. Al acercarme, corrieron todos hacia mí.

—¡Funciona! —gritaban emocionados.

—¿Qué funciona? —les pregunté yo.

—Lo que usted dijo.

Queríamos entrar y nos estábamos mojando y teníamos frío. Entonces Daniel dijo: "Señor sálvanos", y usted apareció por esa esquina.

Dios escucha nuestras oraciones pidiendo ayuda y le encanta responder. A veces soluciona el problema; otras veces nos hace más fuertes y

valientes para que podamos superar la dificultad. Juan acudía cada semana a un estudio bíblico y normalmente orábamos juntos.

"¿Hay algo especial por lo que orar hoy?", le pregunté.

"Sí; tengo una prueba de natación esta semana. No sé nadar muy bien y creo que la prueba no me saldrá bien".

Oramos por ello y la semana siguiente le pregunté cómo le había ido. Su cara brilló. "Me dije a mí mismo: 'En el nombre del Señor', me lancé al agua y llegué al otro extremo".

Dios no le quitó la prueba, pero le dio el valor y la capacidad para superarla.

Hay una linda historia en la Biblia sobre una mujer que no dijo absolutamente nada. Estaba muy enferma y sabía que Jesús podía sanarla; pero cuando iba por la calle con tanta gente alrededor de Él, sintió demasiada vergüenza y no dijo nada. Pero estaba decidida a llegar hasta Jesús, así que comenzó a abrirse camino entre la multitud. Aunque estaba débil y sin aliento, se las arregló para llegar lo suficientemente cerca como para tocar Su túnica, y supo al instante que había sido sanada.

A pesar de los empujones de la multitud, Jesús sintió ese toque. Sabía todo acerca de esa mujer aunque ella no había dicho ni una palabra. Se dio la vuelta y la llamó, y la asustada mujer se arrodilló a sus pies y le contó todo. "Hija", le dijo Jesús con mucho amor, "tu fe te ha sanado. Ve en paz".

Cuando un bebé llora en la oscuridad, su mamá no dice:

"Ven aquí; ¡cuéntame qué te pasa!". Le carga en sus brazos y hace lo que hay que hacer. Ella sabe todo perfectamente sin ninguna palabra. Quizá haya veces en que no eres capaz de expresar tus pensamientos o sentimientos; cuando te sientes aburrido, o infeliz, o te sientes solo y no sabes explicar por qué. Tan solo recuerda en esas ocasiones

que Dios está ahí. Acércate a Él en tu corazón, y susurra el nombre de Jesús. Él sabe lo que ocurre sin que se lo tengas que contar, y te consolará y te ayudará.

Pero pedir ayuda es solo el comienzo de la oración. Es como un niño mendigo que llega a la puerta de un palacio y pide una moneda. Supongamos que el rey acudiera a la puerta y dijera: "Te daré una moneda pero me gustaría darte mucho más. Me gustaría que entraras y fueras mi hijo. Entonces podrás pedirme todo lo que quieras. Todo será tuyo porque tú eres mío".

Y es aquí donde comienza la verdadera oración. Aunque Dios nos ama y quiere ayudarnos, nosotros no podemos acercarnos a nuestro Padre celestial porque somos pecadores y Dios es puro y santo. Por eso Dios envió a Su Hijo Jesús, para vivir entre nosotros y enseñarnos cómo quería Dios que viviéramos, y finalmente, morir por nosotros.

Cuando Jesús murió, Dios mismo estaba sufriendo y llevando el castigo de todas las cosas malas que habíamos hecho, para que en vez de castigarnos, pudiera perdonarnos y recibirnos como Sus hijos. Así que la oración más importante que debemos hacer es algo como esto:

"Señor, sé que me amas y quieres que sea Tu hijo, pero también sé que a menudo he hecho cosas malas. Gracias por enviar a Jesús a morir por esas cosas malas. Si Jesús llevó mi castigo, entonces sé que me perdonarás y me harás Tu hijo. Ahora puedo llamarte en verdad mi Padre celestial y acudir a Ti con todas mis necesidades, y sé que soy Tuyo para siempre. Gracias, Padre. Amén".

Cuando hagas esta oración, anota la fecha porque es como un segundo cumpleaños. Has nacido en la familia de Dios, ahora eres Su hijo, y puedes comenzar a hablar con tu Padre celestial de todo.

Oración de Salomón pidiendo sabiduría

Ahora, oh SEÑOR mi Dios, tú me has hecho rey en lugar de mi padre, David, pero soy como un niño pequeño que no sabe por dónde ir. Sin embargo, aquí estoy en medio de tu pueblo escogido, ¡una nación tan grande y numerosa que no se puede contar! Dame un corazón comprensivo para que pueda gobernar bien a tu pueblo, y sepa la diferencia entre el bien y el mal. Pues, ¿quién puede gobernar por su propia cuenta a este gran pueblo tuyo?

(1 Reyes 3:7-9)

¿Cómo orar?

Cuando Jesús estaba en la tierra, sus discípulos se acercaron a Él un día y dijeron: "Señor, enséñanos a orar". Jesús respondió: "Cuando oren, háganlo así". Y nos dio lo que llamamos el Padrenuestro, que quizá hayas aprendido en la escuela o en la iglesia.

Padre nuestro que estás en el cielo, que sea siempre santo tu nombre.

Que tu reino venga pronto Que se cumpla tu voluntad en la tierra como se cumple en el cielo.

Danos hoy el alimento que necesitamos, y perdónanos nuestros pecados, así como hemos perdonado a los que pecan contra nosotros.

No permitas que cedamos ante la tentación, sino rescátanos del maligno. (MATEO 6:9-13)

Jesús no quiere que recitemos esta oración como loros. Él quiere que pensemos lo que significa y que lo usemos como un patrón de oración. Comienza recordándonos lo grande que es Dios. Esto se llama adoración.

- ◆ Pide que se cumpla Su voluntad, y eso significa que debemos obedecerle en todo.

- ◆ Pide el alimento de hoy. Eso significa pedir por lo que necesitamos tanto nosotros como otras personas.

- ◆ Pide perdón; si sabemos que hemos hecho algo malo, debemos decirle que lo sentimos y pedirle ayuda para no volver a hacerlo. También debemos perdonar a cualquiera que nos haya ofendido.

- ◆ Pide protección del maligno y del peligro, tanto para nosotros como para aquellos a quienes amamos.

- ◆ Termina alabando a Dios por Su grandeza y bondad, y por las cosas especiales que Él ha hecho por nosotros.

- ◆ Es bueno pensar en el significado del Padrenuestro, pero si todo esto parece muy largo al principio, recuerda las tres primeras palabras que las mamás enseñan a sus hijos:

Una oración de alabanza

Que todo lo que soy alabe al SEÑOR
Alabaré al SEÑOR mientras viva;
cantaré alabanzas a mi Dios
con el último aliento.

(SALMO 146:1-2).

GRACIAS

Recuerda todo lo bueno que Dios te ha dado, todo Su amor y todo lo que te ha ayudado.

LO SIENTO

Cuéntale las cosas que has hecho mal. Pídele perdón y que te ayude a vencerlas.

POR FAVOR

Pide lo que tú, tu familia y tus amigos necesitan. Recuerda las necesidades de tu escuela, de tu iglesia y del mundo en general. Recuerda que tu Padre celestial es dueño del universo y que nunca pedirás demasiado.

La oración de Pedro pidiendo ayuda

... Pero cuando [Pedro] vio el fuerte viento y las olas, se aterrorizó y comenzó a hundirse.
—¡Sálvame, Señor! —gritó.

(MATEO 14:30)

La carta de Ezequías

Pero la oración es comunicación, y la comunicación es un diálogo. Cuando hablas con tu papá o con tu mejor amigo, los dos hablan y los dos escuchan. La Biblia está llena de historias de personas que hablaron con Dios y Dios habló con ellos. Leemos de un rey llamado Ezequías. Era un buen rey que amó a Dios y gobernó bien a su pueblo, pero un día recibió una carta terrible y espantosa.

Era de un rey de un país vecino y decía que estaba a punto de invadir su reino, y no tenía sentido que Ezequías intentara ofrecer resistencia porque su ejército era mucho mayor que el de Ezequías: sería mejor que Ezequías se rindiera cuanto antes.

Al principio Ezequías tuvo miedo. Después hizo algo muy sensato. Llevó la carta al templo (como nuestra iglesia) y la puso ante Dios. "Señor", oró, "lee esta carta y dime qué debo hacer". Dios respondió al instante. Envió un mensaje mediante uno de sus siervos, un hombre llamado Isaías, y el mensaje era este: "No hagas nada; ese rey impío nunca entrará en esta ciudad ni lanzará flecha alguna contra ella". Y eso es exactamente lo que ocurrió. El ángel de Dios entró en ese gran ejército y mató a tantos, que el resto de ellos se dieron la vuelta y regresaron a casa. Ezequías oró y Dios le habló como respuesta. (2 Reyes 19)

Cuando oramos, hablamos con Dios y Dios habla con nosotros de diferentes maneras. A veces es como si nos hablara a nuestro corazón. A veces envía mensajes mediante otras personas; en países donde muchas personas no saben leer, a veces habla mediante sueños. Pero la forma más común en que Dios nos habla es mediante la Biblia.

Cómo empezar

El corazón de toda la Biblia es la historia de Jesús en los Evangelios (Mateo, Marcos, Lucas y Juan). Así que empieza a leer los Evangelios y aprende de Jesús cómo es que Dios quiere que vivas. Recuerda que la Biblia es la voz de Dios hablándote, así que antes de leerla, podrías hacer la oración de David:

"Abre mis ojos, para que vea las verdades maravillosas que hay en tus enseñanzas".
(Salmo 119:18)

Así que cuando quieras pasar tiempo con Dios, conversa con Él. Deja que Dios te enseñe de la Biblia, y luego ora sobre lo que hayas leído, así como por tus propios asuntos. Puede ser útil tener un libro que te diga qué parte de la Biblia leer cada día y que explique esos versículos.

Cuándo orar

La Biblia nos dice que oremos sin cesar, pero eso no significa que nunca debes dejar de orar. Si hicieras eso, nunca harías tus tareas ni jugarías a nada. Significa: acuérdate siempre que Dios está ahí y que puedes acudir a Él en cualquier momento.

Cuando llevo a mis sobrinitas al parque, se sueltan de mi mano en cuanto se acercan a los columpios y los toboganes, y se van a jugar. Parece que se olvidan totalmente de mí mientras disfrutan, pero se sienten seguras y contentas solo de saber que yo estoy ahí y que si algo sale mal, pueden regresar a mí corriendo. Si yo desapareciese, ya no se sentirían seguras y contentas. Y la oración a veces es algo así: sentirnos seguros simplemente porque Dios está ahí.

Oí de una mujer que se fue de viaje en tren. Se metió en el coche de pasajeros y había en él un niño pequeño sentado solo en una esquina del vagón. Parecía muy pequeño para estar viajando solo, así que ella supuso que sus padres aparecerían en cualquier momento.

Pero nadie más subió al coche. Justamente antes de que el tren comenzara a moverse, un hombre se acercó a la ventana, sonrió y saludó al niño. El niñito sonrió también y saludó, y después se acomodó para leer sus libros de historietas.

Transcurrido un rato, la señora dijo:

—Eres muy pequeño para viajar solo. ¿Eso no te hace sentir miedo?

El niñito negó con la cabeza.

—¿Era ese tu papá, el que te despidió en la estación? —preguntó la señora.

El niño asintió con un gesto.

—¿Y habrá alguien esperándote al final de tu trayecto? —volvió a preguntar la mujer.

—Tengo que quedarme en este coche hasta que venga mi papá a buscarme —dijo el niño—. Pues mi papá es el conductor del tren.

Ese niño se sentía totalmente seguro; su papá estaba ahí al comienzo del viaje y estaría ahí al final. Y durante el viaje, aunque el niño no podía verle, el padre conducía el tren, llevando a su hijo en la dirección correcta. Y Dios nuestro Padre estaba ahí al comienzo, amándote y haciendo planes para ti antes que nacieras. Él estará ahí al final del viaje para llevarte a casa, y durante el transcurso de los años intermedios está cuidando de ti y guiándote en la dirección correcta, y por eso podemos vivir la vida felices y sin miedo, capaces de disfrutar de nuestro trabajo y nuestros juegos. No podemos pensar en Dios todo el tiempo, pero sabemos que podemos acudir a Él en cualquier momento y compartir nuestras penas y alegrías con Él. Porque Dios no es solo nuestro Padre. Jesús vino y vivió en la tierra para enseñarnos que nuestro Padre también puede ser nuestro mejor Amigo.

Una vez oí de un muchacho indio al que le encantaba el fútbol. Estaba jugando en un partido y golpeó la pelota, y la vio volar y meterse entre los dos postes de la portería. "¡Mira, Señor Jesús!", gritó. "¡Mira!".

Ese muchacho quería compartir sus momentos más importantes con su mejor Amigo. Pero si tienes un buen amigo no solo vas a él en un momento puntual, o cuando quieres algo. Necesitas momentos especiales para estar a solas con él, a fin de hablar y conocerle mejor.

David, que escribió la mayoría de los Salmos en la Biblia, dijo: "Mañana, tarde y noche clamo… y el Señor oye mi voz" (Salmo 55:17); y Daniel iba y se arrodillaba junto a su ventana abierta para orar, tres veces al día, aunque sabía que eso podría costarle la vida.

Quizá sea imposible orar tres veces al día en la escuela o en el trabajo, pero la mejor forma de crecer como cristiano es tener momentos especiales a solas con Dios.

Muchas personas descubren que el mejor momento para orar es en la mañana temprano. Una buena forma de comenzar el día es encontrar en la Biblia algunos versículos útiles y pedirle a Dios que te bendiga y te guarde de pecar en las horas siguientes. Puedes pedir ayuda con las cosas que te parecen difíciles, y orar por tus amigos y familia. Comenzar el día sin encontrarse con Dios es como un soldado que va a la batalla sin su casco protector, o un marinero que se adentra en el mar sin su mapa y su brújula. David hizo una hermosa oración en el Salmo 143:8-10:

Hazme oír cada mañana
acerca de tu amor
inagotable, porque
en ti confío.
Muéstrame por dónde
debo andar, porque a ti
me entrego.
Rescátame de mis
enemigos, SEÑOR; corro a
ti para que me escondas.
Enséñame a hacer tu
voluntad, porque
tú eres mi Dios.
Que tu buen Espíritu me
lleve hacia adelante
con pasos firmes.

Entonces, seguramente no querremos irnos a dormir en la noche sin hablar con nuestro Padre y Amigo acerca de lo que nos ha pasado durante el día. Desearemos darle gracias por todo lo que nos ha dado, y pedirle que nos perdone cuando hemos fallado. También desearemos que Él bendiga el trabajo que hemos hecho y la gente que amamos.

Las oraciones de David

Cuando hizo algo mal:

Crea en mí, oh Dios, un corazón limpio y renueva un espíritu fiel dentro de mí.

(Salmo 51:10)

Oración en la mañana:

Oh Señor, óyeme cuando oro; presta atención a mi gemido. Escucha mi grito de auxilio, mi Rey y mi Dios, porque solo a ti dirijo mi oración.
Señor, escucha mi voz por la mañana; cada mañana llevo a ti mis peticiones y quedo a la espera.

(Salmo 5:1-3)

Cuando estaba en peligro:

En Dios confío, ¿por qué habría de tener miedo?¿Qué pueden hacerme unos simples mortales?

(Salmo 56:4)

Pidiendo un corazón puro:

Examíname, oh Dios, y conoce mi corazón; pruébame y conoce los pensamientos que me inquietan.

Señálame cualquier cosa en mí que te ofenda y guíame por el camino de la vida eterna.

(Salmo 139:23-24)

Que las palabras de mi boca y la meditación de mi corazón sean de tu agrado, oh SEÑOR, mi roca y mi redentor.
(Salmo 19:14)

Antes de leer la Biblia:

Abre mis ojos, para que vea las verdades maravillosas que hay en tus enseñanzas.

(Salmo 119:18)

Pidiendo perdón:

Ten misericordia de mí, oh Dios, debido a tu amor inagotable…

Purifícame de mis pecados, y quedaré limpio; lávame, y quedaré más blanco que la nieve.

(Salmo 51:1, 7)

Oración para antes de ir a dormir:

En paz me acostaré y dormiré, porque sólo tú, oh Señor, me mantendrás a salvo.

(Salmo 4:8)

Oración de David al final de su vida:

Tuyos, oh SEÑOR, son la grandeza, el poder, la gloria, la victoria y la majestad. Todo lo que hay en los cielos y en la tierra es tuyo, oh SEÑOR, y este es tu reino. Te adoramos como el que está por sobre todas las cosas. La riqueza y el honor sólo vienen de ti, porque tú gobiernas todo. El poder y la fuerza están en tus manos, y según tu criterio la gente llega a ser poderosa y recibe fuerzas. Oh Dios nuestro, te damos gracias y alabamos tu glorioso nombre!

(1 Crónicas 29:10-14)

Las oraciones de los profetas

Oración de Samuel cuando oye el llamado de Dios:

—Habla, que tu siervo escucha.

 (1 SAMUEL 3:10)

Oración de dedicación de Isaías:

—Aquí estoy yo —[dijo Isaías]—. Envíame a mí.

(ISAÍAS 6:8)

Oración de Jeremías cuando estaba nervioso:

—Oh SEÑOR Soberano — respondí—. ¡No puedo hablar por ti! ¡Soy demasiado joven!

(JEREMÍAS 1:6)

Oración de Elías pidiendo ayuda:

«Oh Señor, Dios de Abraham, de Isaac y de Jacob, demuestra hoy que tú eres Dios en Israel y que yo soy tu siervo; demuestra que yo he hecho todo esto por orden tuya. ¡Oh Señor, respóndeme! Respóndeme para que este pueblo sepa que tú, oh Señor, eres Dios y que tú los has hecho volver a ti».

(1 Reyes 18:36-37)

Oración de Jonás desde dentro del pez:

En mi gran aflicción clamé al Señor y él me respondió.

(Jonás 2:2)

Oración de Daniel luego de que el Señor le reveló el sueño del rey:

Alabado sea el nombre de Dios por siempre y para siempre,
   porque a él pertenecen toda la sabiduría y todo el poder.
Él controla el curso de los sucesos del mundo…
Él revela cosas profundas y misteriosas
   y conoce lo que se oculta en la oscuridad,
   aunque él está rodeado de luz.

(Daniel 2:20-22)

¿Responde Dios a la oración?

Piensa en estas tres respuestas: "Mamá, ¿puedo usar el cuchillo? Quiero cortar una cuerda". "No; está muy afilado y podrías cortarte. Usa mejor las tijeras".

"Papá, ¿puedo ir a la escuela en mi bicicleta?". "Aún no. Hay un tráfico terrible en la carretera, y no creo que aún tengas la experiencia suficiente. En tres meses, el día de tu cumpleaños, puedes comenzar a ir en bicicleta a la escuela".

"Mamá, Lucy me ha pedido que vaya con su familia a su caravana una semana. ¿Puedo ir?". "Claro. Son una familia encantadora. Estoy segura de que pasarás un tiempo maravilloso".

¿Te has dado cuenta de que las tres peticiones fueron respondidas, pero todas de forma distinta? Una madre dijo "No", un padre dijo "Espera", y otra madre dijo "Sí". ¿Te diste cuenta también de que cada respuesta se dio porque el padre o la madre amaba a su hijo y se preocupaba por su seguridad y felicidad?

Del mismo modo, Dios escucha y responde cada oración que haces. A veces dice "No", o "Espera", y frecuentemente dice "Sí". En cada caso, la respuesta se da porque Él te ama y se preocupa por tu seguridad y tu felicidad; y a diferencia de los padres terrenales, que a veces pueden cometer errores, Dios siempre sabe lo que realmente es mejor para nosotros.

Cuando Dios dice "no"

En Estados Unidos vive una mujer que ha viajado por todo el mundo. Su nombre es Joni Eareckson Tada, y cuando era niña le encantaban los deportes y era una nadadora muy buena. Un día se tiró de cabeza en un lugar que ella pensaba que eran aguas profundas, pero en realidad no era así, y se golpeó la cabeza con el fondo y se rompió el cuello.

La llevaron al hospital y gradualmente fue entendiendo lo que los doctores sabían desde el principio: se había quedado paralítica y no podría volver a caminar ni usar sus manos. Tendría que estar en una silla de ruedas durante el resto de su vida.

Muchas personas oraron para que Joni sanara, ya que otros habían sido sanados cuando otras personas oraron por ellos. La misma Joni oraba día tras día: "Oh Señor, permíteme caminar de nuevo; haz que pueda volver a usar mis manos".

Joni sigue aún en su silla de ruedas; llegó el momento en que se dio cuenta de que Dios estaba diciendo "No", y no protestó ni se rebeló. Lo aceptó y Dios comenzó a usarla de una forma maravillosa. Aprendió a escribir y a dibujar unos cuadros muy bonitos sujetando el pincel con su boca. Comenzó a escribir y cantar canciones alegres acerca del amor de Dios, y la gente decía: "Si puede cantar así, paralítica y en silla de ruedas, su Dios debe ser un Dios maravilloso". Comenzaron a escribirle de todo el mundo, especialmente personas que estaban enfermas y discapacitadas. "¿Cómo puedes estar tan feliz cuando estás desvalida en una silla de ruedas?". Ellos querían saber la razón.

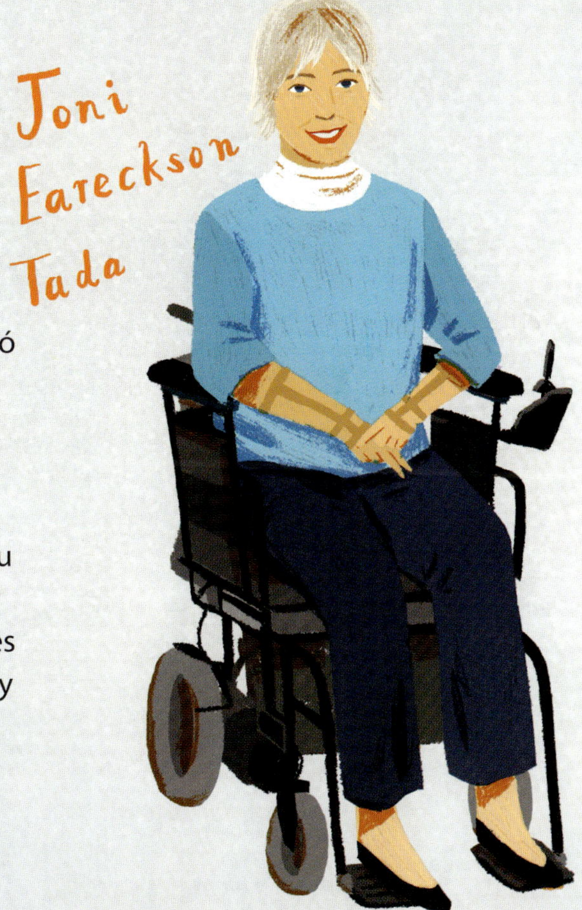

Más adelante, Joni comenzó a viajar por todo el mundo y hablar en reuniones, y cientos venían a escucharla. Después comenzó a hablar en televisión y miles la escuchaban.

Joni entiende ahora por qué Dios, quien la ama, dijo "No". La había escogido para un trabajo muy especial: decirle al mundo que Jesús puede traer gozo y propósito a la vida más incapacitada.

Cuando la gente mira su cara alegre y se da cuenta de que está totalmente desvalida y siempre lo estará… es entonces cuando comienzan a creerle.

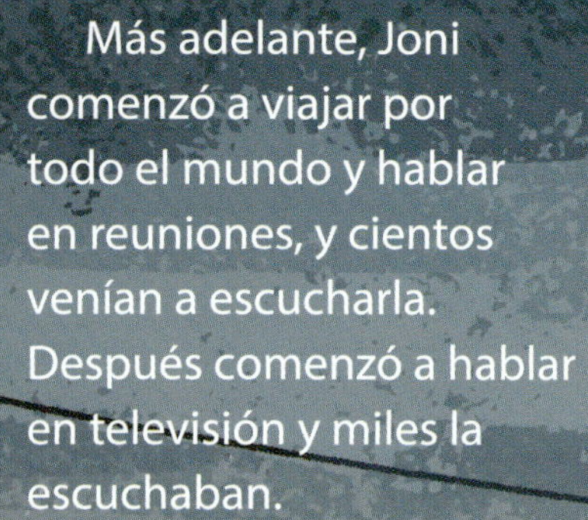

Cuando Dios dice "espera"

En Rumanía, hace muchos años atrás, los cristianos eran castigados y encarcelados por su fe. Sin embargo, a pesar del peligro, algunos cristianos siguieron leyendo su Biblia y hablando de Jesús en secreto.

Uno de ellos era una mujer llamada Ada. Muy discretamente, Ada solía viajar y reunía a la gente, y le encantaba enseñar a los niños sobre Dios, Su Padre celestial.

Un día, Ada se había ido a un pueblo lejano. La única forma de llegar a casa era que alguien parase y la llevara, así que estuvo junto a la carretera orando en silencio. "Señor, haz que se detenga el automóvil correcto", susurraba, pero nadie parecía verla. Auto tras auto pasaban a su lado, y su mano extendida hacía señas en vano.

Hacía frío y lloviznaba, y después de una hora aproximadamente comenzó a llover con fuerza.

Ella comenzó a impacientarse mucho. "De verdad, Señor", susurraba, "tú podrías detener un auto para mí fácilmente… ¿por qué no lo haces?". Así que siguió orando mientras su abrigo y sus pies cada vez estaban más mojados. Comenzó a oscurecerse y a hacer más frío, y la pobre Ada se puso a llorar. Se preguntaba si tendría que esperar hasta la mañana.

Llevaba esperando tres horas, y casi había perdido toda esperanza cuando un autobús se detuvo delante de ella. Eso no era común, pero se subió agradecida y se sentó en el último asiento toda empapada de agua.

Le dijo al conductor a dónde quería ir y compró su boleto, pero el sonido de su voz hizo que un niñito sentado en el frente se voltease.

La miró por un momento y luego sus ojos se agrandaron y su rostro se iluminó. Se fue rápidamente hacia la parte posterior y corrió hacia Ada, poniendo sus brazos alrededor de la bufanda empapada de ella.

"Te he encontrado, por fin te he encontrado",
susurró. "He estado orando mucho para volver a
encontrarte".

Ada lo miró sorprendida.

"¿No te acuerdas de mí?", le dijo el niño
dulcemente.

"Tú me hablaste de Jesús y me diste esto".
Sacó del bolsillo interior de su chaqueta un folleto
cristiano desgastado. "He recibido a Jesús en mi
corazón y ahora soy Su hijo. He estado
orando durante un año para encontrarte
de nuevo".

En voz baja hablaron e intercambiaron
direcciones, y cuando por fin Ada llegó a
casa, muy cansada y empapada, oró algo
así: "Gracias, Señor. Valió la pena esperar
bajo la lluvia para encontrarme con ese
niño. Muchas gracias por detener el
autobús correcto".

Cuando Dios dice "sí"

(Hechos 12)

La siguiente historia proviene de esos emocionantes primeros días después de que Jesús había regresado al cielo, y los doce discípulos estaban comenzando su peligrosa tarea de decirle al mundo que el Jesús que habían crucificado estaba vivo y activo, aunque no pudieran verle. Todo esto hizo que el rey Herodes, que en parte había sido responsable de la muerte de Jesús, se pusiera nervioso y enojado y ordenara a sus soldados arrestar a cualquiera que enseñara esta verdad.

Aún así, los discípulos simplemente no podían dejar de hablar, y Santiago fue el primero que perdió su vida cuando el rey ordenó que lo decapitasen. Pedro fue arrestado después y encarcelado. Sería ejecutado a la mañana siguiente.

Pero Herodes conocía los extraños sucesos que habían ocurrido a los seguidores de Jesús y decidió no correr riesgos. Ordenó que dieciséis soldados guardasen a este prisionero y dos de ellos se encadenaran a él toda la noche. Esta vez no habría posibilidad de que algo saliera mal, pensaba el rey Herodes.

Parece que Pedro no estaba demasiado preocupado; a fin de cuentas, pocas horas después volvería a ver a Jesús. Se tumbó entre los dos soldados, colocó sus cadenas lo más cómodamente posible, y se durmió.

De repente, se despertó porque alguien le había sacudido; una luz brillaba en la celda y uno de los ángeles de Dios estaba ahí de pie junto a él. "¡Rápido! ¡Ponte en pie!", dijo el ángel, y las cadenas se soltaron de las muñecas de Pedro. "Vístete y ponte los zapatos", dijo el ángel, y Pedro obedeció.

Todos los guardias aún estaban profundamente dormidos.

"Sígueme", dijo el ángel y Pedro así lo hizo. Estaba seguro de que estaría soñando mientras caminaba por la primera y segunda puerta cerrada de la prisión y llegaba a la gran puerta de hierro que daba al exterior. Se abrió sola y Pedro sintió el aire fresco de la noche en su rostro. Estaba en la calle, caminando con el ángel. Pero después de una corta distancia el ángel desapareció y Pedro se quedó solo en la oscuridad.

"No estoy soñando", se dijo Pedro, restregándose los ojos. "Sucedió de verdad; Dios me ha salvado de la muerte, pero será mejor que me vaya lo más rápidamente posible. Iré a la casa de María, la madre de mi amigo Juan Marcos. Probablemente estarán despiertos, orando por mí".

Lo que Pedro no sabía era que todo el grupo de cristianos se había reunido esa noche para orar por su líder, Pedro. Lo necesitaban mucho. Nadie quiso irse a dormir;

se pusieron a orar durante toda la noche: "Oh Señor, salva a Pedro".

De repente, mientras oraban, alguien llamó a la puerta con suavidad. Una niña llamada Rode acudió a la puerta, con mucho cuidado, para ver quién era.
—¿Quién es? —preguntó en voz baja.
—Soy yo, Pedro —fue el susurro que oyó desde el exterior.

Rode se emocionó tanto que se olvidó de abrir la puerta. Corrió de nuevo a la reunión de oración.
—Pueden dejar de orar —gritó—. Pedro está aquí, en la puerta.
(Toc, toc).

—Estás loca —dijo uno.
(Toc, toc).
—¡Imposible! —dijo otro.
(Toc, toc).
—Debe ser su fantasma —dijo alguien—. Eso significa que ya le han matado.
(Toc, toc).
—Bueno, hay alguien ahí —dijo otro de ellos—. ¿No sería mejor que al menos echáramos un vistazo?'

Con mucha cautela, se acercaron todos a la puerta.
—¿Quién está ahí? — susurraron.
—Yo, Pedro —fue la respuesta—. Déjenme entrar, rápido, y no hagan ruido.

Oración para la victoria

Oh muerte, ¿dónde está tu victoria?
Oh muerte, ¿dónde está tu aguijón?»...
¡Pero gracias a Dios! Él nos da la victoria sobre el pecado y la muerte por medio de nuestro Señor Jesucristo.
(1 CORINTIOS 15:55-57)

Aún les costaba creerlo, pero abrieron la puerta despacio y Pedro se metió, haciéndoles señas para que se mantuvieran en silencio. Luego, mientras todos le rodeaban, les contó en voz baja la increíble historia. "No me atrevo a quedarme aquí", dijo cuando terminó; "será mejor que me vaya a otro lugar más seguro.

Pero díganles a los demás que estoy libre y que sus oraciones han sido contestadas".

Fue bueno que esas personas orasen, pero una lástima que no creyeran que Dios podía contestar sus oraciones. No seas así. Se nos dice que oremos con fe, creyendo. Espera las respuestas de Dios, sabiendo que vendrán, aunque no sean exactamente las respuestas que esperabas. Él sabe cuál es la mejor respuesta, y siempre nos escucha, nos cuida y nos ama.

Así que comienza la aventura más grande de tu vida: aprender a orar.

Las oraciones de María

Soy la sierva del Señor. Que se cumpla todo lo que has dicho acerca de mí.

(Lucas 1:38)

Oración de agradecimiento de María:
—Oh, cuánto alaba mi alma al Señor.

¡Cuánto mi espíritu se alegra en Dios mi Salvador!

Pues se fijó en su humilde sierva,

y de ahora en adelante todas las generaciones me llamarán bendita.

Pues el Poderoso es santo

y ha hecho grandes cosas por mí.

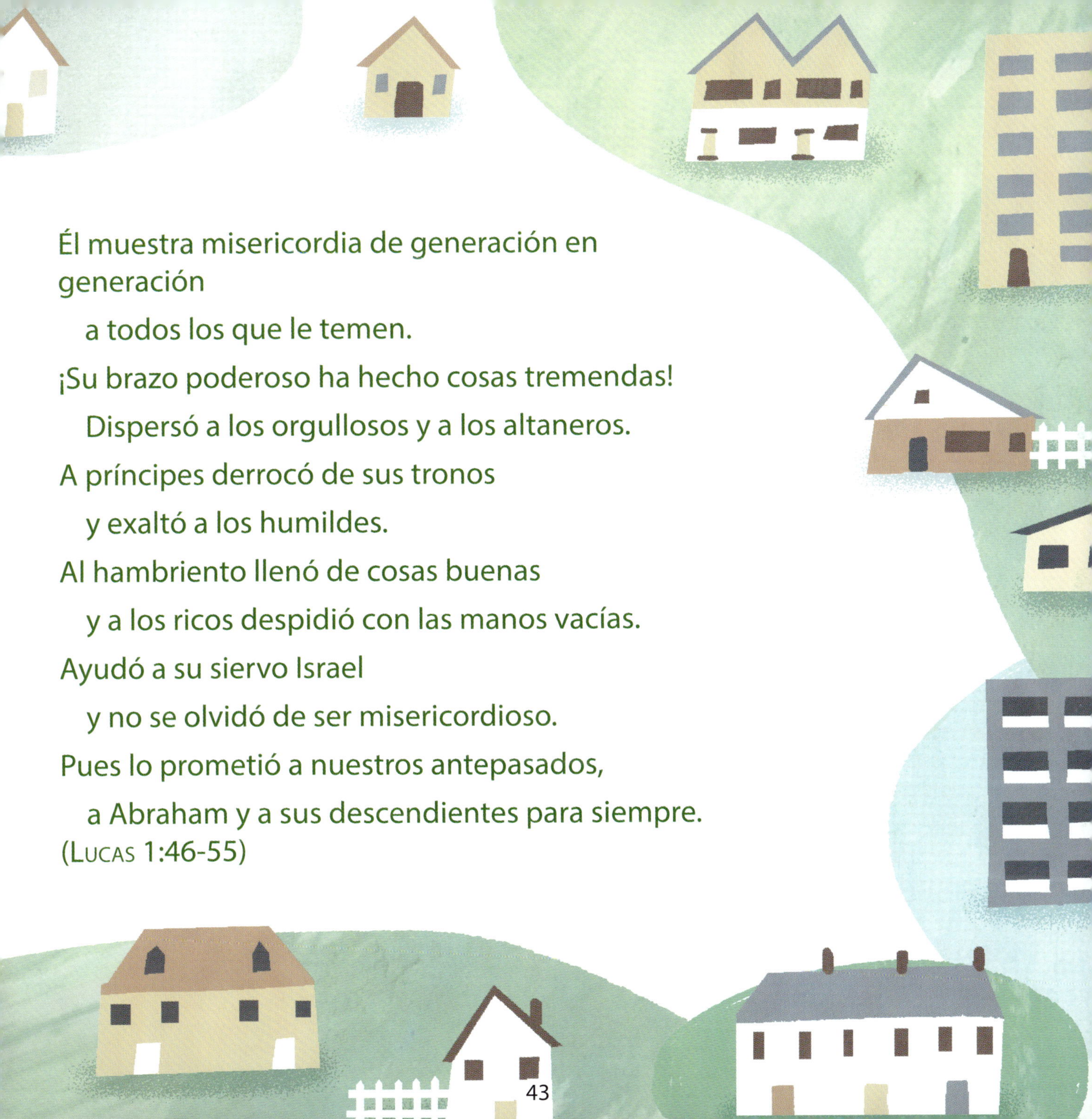

Él muestra misericordia de generación en generación

    a todos los que le temen.

¡Su brazo poderoso ha hecho cosas tremendas!

    Dispersó a los orgullosos y a los altaneros.

A príncipes derrocó de sus tronos

    y exaltó a los humildes.

Al hambriento llenó de cosas buenas

    y a los ricos despidió con las manos vacías.

Ayudó a su siervo Israel

    y no se olvidó de ser misericordioso.

Pues lo prometió a nuestros antepasados,

    a Abraham y a sus descendientes para siempre.
(Lucas 1:46-55)

El Espíritu Santo ayuda

A medida que sigues orando, comenzarás a darte cuenta de que tienes un enemigo en la oración y un ayudador en la oración.

Satanás es nuestro enemigo en la oración. Quiere que seamos pecadores, desgraciados y débiles. Detesta que oremos, porque Dios ha prometido que cuando oremos, seremos perdonados, tendremos gozo, recibiremos ayuda, nos irá bien y seremos librados del mal. Por eso Satanás hace todo lo posible para que dejemos de orar.

Él susurrará a tu corazón que estás demasiado ocupado, que realmente no importa y que hay otras cosas más importantes que la oración. Incluso cuando ores, él te hará pensar en otras cosas, para que se te olvide que estás ahí para orar. Pero el Espíritu Santo, que vive en el corazón de cada cristiano verdadero, es nuestro ayudador en la oración. Hay un versículo en la Biblia que dice:

"Además, el Espíritu Santo nos ayuda... nosotros no sabemos qué quiere Dios que le pidamos en oración, pero el Espíritu Santo ora por nosotros..." (Romanos 8:26)

El Espíritu Santo es más fuerte que Satanás, y puede darnos la victoria sobre nuestro enemigo. Él sabe lo que queremos decir aunque no sepamos cómo decirlo. Él toma nuestros anhelos y ruegos pidiendo ayuda y los eleva hasta Dios, no siempre como nosotros los decimos, sino como realmente es nuestra intención.

Cuando era niña, escuché una historia que nunca he olvidado. Era sobre alguien que tuvo un sueño muy extraño.

Soñó que un ángel le guio a una iglesia donde cinco personas estaban arrodilladas en oración, y delante de cada uno se posó un pájaro blanco con las alas plegadas.

"Observa a esas personas que están orando", le dijo, "y observa lo que les ocurre a los pájaros blancos".

Así que el soñador observó a la primera persona. Era una mujer muy bien vestida, arrodillada delante de la iglesia. Oraba con su rostro hacia arriba y las palabras fluían de sus labios. Su pájaro blanco era el más grande, majestuoso y blanco de todos, pero aunque ella oraba y oraba, el ave nunca se movió lo más mínimo, ni tan siquiera agitó una pluma.

"Estira tu mano y tócalo". El hombre así lo hizo.

En su sueño, estiró su mano y tocó suavemente las plumas perfectamente blancas y retiró su mano rápidamente. "Creo que está muerto", dijo.

"Sí", fue la triste respuesta, "está totalmente muerto. La mujer ha estado en la iglesia desde que era niña. Se pone sus mejores vestidos y se sabe todas las mejores oraciones de memoria. Sus palabras son hermosas, pero no las dice de corazón, y cuando se va de la iglesia se olvida de ellas. Ni tan siquiera piensa en lo que está diciendo. ¡Mira! Está mirando de reojo a su vecina sentada en el banco de al lado y se pregunta cuánto le habrá costado su sombrero".

El soñador pasó a la segunda persona arrodillada, quien estaba orando muy bien. El hermoso pájaro blanco delante de él estiró sus plumas y voló hacia arriba y el soñador, siguiendo el vuelo del pájaro, observó que la iglesia no tenía techo. El ave siguió subiendo hacia el cielo azul.

Pero de repente, la cara del hombre que estaba orando cambió. Cambió la piadosa expresión de su rostro por otra de dureza y amargura, apretó los labios y masculló algo en voz muy baja. Entonces, el hermoso pájaro volador cayó como si una flecha le hubiera atravesado y quedó muerto en el piso de la iglesia. El soñador estaba muy perplejo.

Ese hombre comenzó a orar con sinceridad", fue la respuesta "pero mientras oraba se acordó de alguien que le había ofendido. El enojo afloró en su corazón y dejó de amar. No lo olvidará ni lo perdonará. Mira, se apresura a preparar un plan para vengarse".

El soñador se detuvo ante la tercera persona que oraba. Una mujer estaba arrodillada, con sus manos cerradas, las marcas de las lágrimas en sus mejillas. Mientras oraba, el pájaro blanco que había ante ella comenzó a elevarse y luego volvió a bajar, reunió sus fuerzas y se elevó, casi hasta tocar la parte alta de la columna, y luego parecía caer. Pero antes de llegar al piso volvió a intentar batir de nuevo las alas, y al final subió hasta el claro cielo azul y, estirando sus alas, desapareció entre los rayos del sol.

El soñador y el ángel dieron un suspiro de alivio.

"Esta mujer ha pasado por un gran dolor y no podía seguir creyendo que Dios la amaba y se interesaba por ella. Hacía mucho tiempo que no venía por aquí, pero hoy regresó e intentó orar. Pero mientras oraba, sus dudas regresaron… no podía creer… casi abandona; pero le contó al Señor sus dudas y susurró las promesas de Dios, y su fe fue fortalecida. Dios ha escuchado su oración, ¡y Él la consolará!".

La cuarta persona arrodillada parecía un

vagabundo de la calle, y delante de él había un pájaro muy débil y deslucido que parecía que no podría volar en absoluto. El hombre ni siquiera parecía estar hablando, tenía un aspecto muy desdichado. Pero de repente, las alas temblaron y el pájaro voló derecho hacia arriba con un vuelo fuerte. Y mientras llegaba al cielo azul, sus alas, tocadas por los rayos del sol, brillaron blancas como la nieve, y el ángel reía de gozo.

"Ese hombre no sabe cómo orar", dijo el ángel. "Nunca ha orado en su vida y no sabe qué palabras usar, pero su corazón está cargado de pecado y necesidad, y sus pensamientos claman pidiendo misericordia y perdón. Justo en este

preciso momento todos los ángeles de Dios se llenaron de gozo porque otro pecador ha llegado a casa".

La última persona en la iglesia era un niño, y delante de él había un diminuto pájaro sin mancha. El niño juntó sus manos y dijo que sentía haber golpeado a su hermana, y le pidió a Dios que su madre se pusiera bien y por favor que le ayudara con sus sumas. Le dio gracias a Dios por el balón de fútbol que le regalaron para su cumpleaños, y el pájaro voló derecho hacia arriba con una canción de gozo, y el niño saltó y corrió al jardín para patear su balón, sonriéndoles al soñador y al ángel cuando pasó por su lado.

Purifícame de mis pecados,
y quedaré limpio;
lávame, y quedaré
más blanco que la nieve...
No sigas mirando mis pecados;
quita la mancha de mi culpa.
Crea en mí, oh Dios, un corazón limpio
y renueva un espíritu fiel
dentro de mí.
(Salmo 51:7, 9-10)

Pero yo confío en tu amor
inagotable;
me alegraré porque me has
rescatado. Cantaré al Señor
porque él es bueno conmigo.
(Salmo 13:5-6)

Vas delante y detrás de mí
Pones tu mano de bendición sobre mi cabeza...
¡Jamás podría escaparme de tu Espíritu!
¡Jamás podría huir de tu presencia!
Si subo al cielo, allí estás tú;
si desciendo a la tumba, allí estás tú.
(Salmo 139:5, 7-8)

¡Tu gran aventura de oración!

Así que cuando ores, recuerda que lo importante no es lo que dices o cómo lo dices, sino que lo importante es: ¿Está mi corazón en paz con Dios? ¿Quiero las cosas que Él quiere? ¿Realmente creo que Él me escucha?

Es ahí donde el Espíritu Santo nos ayuda. Escucha Su voz cuando ores. Él nos recuerda las cosas que están mal para que podamos pedir perdón y arreglarlas. Nos recuerda a personas que necesitan nuestras oraciones, nos fortalece y consuela cuando sentimos deseos de dejar de orar, y nos hace amar a Jesús. Así que comienza tu gran aventura de oración.

Si no puedes usar tus propias palabras al principio, no importa. Verás que en la Biblia, al igual que hoy, la gente acude a Dios en todo tipo de situación: cuando están felices y agradecidos, y cuando están preocupados o tristes. Como Dios nos ama, está interesado en todo lo que nos ocurre; no hay nada demasiado pequeño o poco importante para Dios.

Algunas oraciones solo contienen tres o cuatro palabras. No impresionamos a Dios usando palabras elocuentes, y Él prefiere oír una oración de diez segundos sencilla y sincera que una de diez minutos que no salga del corazón.

Igual que nuestros padres nos dicen que no debemos ser egoístas con nuestras cosas, Dios no quiere que seamos egoístas con nuestras oraciones. Algunas personas no pueden orar por sí solas; quizás estén muy enfermos, o demasiado tristes o demasiado asustados como para acordarse de que Dios está cerca de ellos. Debemos orar pidiendo a Dios que proteja a personas en países donde hay guerra o hambre, que cuide de los desamparados, y que nos muestre lo que podemos hacer para ayudar a personas necesitadas. Cuando ves imágenes de acontecimientos tristes en televisión o en los periódicos, y te preguntas qué se puede hacer para ayudar, quizá sea el Espíritu Santo impulsándote a pedirle a Dios esa ayuda.

Nadie ha dicho jamás que solo podemos "hablar" con Dios, ¡también podemos cantarle! Y no hay que detenerse aquí, como dice el salmista:

Aclamen al Señor,
habitantes de toda la tierra;
¡prorrumpan en alabanza
y canten de alegría!...
con el arpa y dulces melodías...
¡Toquen una alegre sinfonía
delante del Señor, el Rey!
(Salmo 98:4-6)

Algunas oraciones en la Biblia

Cuando quieres decir "gracias"

La tierra que me has dado es agradable; ¡qué maravillosa herencia!
(Salmo 16:6)

Te daré gracias, Señor, en medio de toda la gente; cantaré tus alabanzas entre las naciones.
(Salmo 57:9)

Cuando estás triste

¿Por qué estoy desanimado? ¿Por qué está tan triste
mi corazón?
¡Pondré mi esperanza en Dios! Nuevamente lo alabaré,
¡mi Salvador y mi Dios!
(Salmo 42:5)

Cuando estás preocupado o asustado

Respóndeme cuando clamo a ti, oh Dios, tú que me declaras inocente. Libérame de mis problemas; ten misericordia de mí y escucha mi oración.
(Salmo 4:1)

Señor, sólo tú eres mi herencia, mi copa de bendición; tú proteges todo lo que me pertenece.
(Salmo 16:5)

Cuando te han hecho daño

El Señor es mi fortaleza y mi escudo; confío en él con todo mi corazón.
(Salmo 28:7)

Jesús dijo: Padre, perdónalos, porque no saben lo que hacen...
(Lucas 23:34)

Cuando te sientes solo

Querido Señor, ayúdame a recordar tu promesa: "No te fallaré ni te abandonaré".
(Josué 1:5)

Aunque mi padre y mi madre me abandonen, el Señor me mantendrá cerca.
(Salmo 27:10)

... Jesús, acuérdate de mí cuando vengas en tu reino.
(Lucas 23:42)

Oraciones pidiendo dirección

Muéstrame la senda correcta, oh Señor; señálame el camino que debo seguir.
(Salmo 25:4)

Enséñame cómo vivir,
oh Señor. Guíame por
el camino correcto,
porque mis enemigos
me esperan.
(Salmo 27:11)

Oraciones para la Salvación

¡Alaben al Señor...
Nos envió un poderoso Salvador...
(Lucas 1:69)

«Señor Soberano...
He visto tu salvación,
   la que preparaste para toda la gente.
Él es una luz para revelar a Dios a las
naciones,
   ¡y es la gloria de tu pueblo Israel!».
(Lucas 2:29-32)

»Pues Dios amó tanto al mundo que dio a su
único Hijo, para que todo el que crea en él no
se pierda, sino que tenga vida eterna.
(Juan 3:16)

Cuando estés contento

Te alabaré, Señor, con todo mi corazón;
contaré de las cosas maravillosas que has
hecho.
(Salmo 9:1)

A Dios el Padre celestial,
al Hijo nuestro Redentor
 y al eternal Consolador,
  unidos todos alabad.
              Thomas Ken

Algunas oraciones de Jesús

Oración de Jesús antes de Su muerte

Jesús miró al cielo y dijo: Padre, ha llegado la hora. Glorifica a tu Hijo para que él, a su vez, te dé la gloria a ti... le has dado a tu Hijo autoridad sobre todo ser humano. Él da vida eterna a cada uno de los que tú le has dado. Y la manera de tener vida eterna es conocerte a ti, el único Dios verdadero, y a Jesucristo, a quien tú enviaste a la tierra...

Todos los que son míos te pertenecen… ahora protégelos con el poder de tu nombre para que estén unidos como lo estamos nosotros… No te pido que los quites del mundo, sino que los protejas del maligno… Hazlos santos con tu verdad; enséñales tu palabra, la cual es verdad.

(JUAN 17:1-3, 10-11, 15, 17)

Oh Padre, Señor del cielo y de la tierra, gracias por esconder estas cosas
de los que se creen sabios e inteligentes, y por revelárselas a los que son
como niños.
(MATEO 11:25)

Jesús oró en la cruz

«Abba, Padre… todo es posible para ti. Te pido que quites esta copa de
sufrimiento de mí. Sin embargo, quiero que se haga tu voluntad, no la mía».
(MARCOS 14:36)

Jesús ora por sus seguidores

Yo estoy en ellos, y tú estás en mí. Que gocen de una
unidad tan perfecta que el mundo sepa que tú
me enviaste y que los amas tanto
como me amas a mí.
(JUAN 17:23)

Oraciones e himnos que puedes usar

A continuación encontrarás oraciones que te ayudarán a comenzar a orar. También se incluyen algunos versos de himnos conocidos.

Señor, haz de mí un instrumento de tu paz: donde haya odio, ponga yo amor, donde haya ofensa, ponga yo perdón, donde haya discordia, ponga yo unión, donde haya error, ponga yo verdad, donde haya duda, ponga yo la fe, donde haya desesperación, ponga yo esperanza, donde haya tinieblas, ponga yo luz, donde haya tristeza, ponga yo alegría. Oh Maestro, que no busque yo tanto ser consolado como consolar, ser comprendido como comprender, ser amado como amar…
ORACIÓN DE FRANCISCO DE ASÍS (1182-1226)

Jesús, mi amigo y mi sostén, Mi Rey y Salvador, Mi vida y luz, mi eterno bien, Acepta mi loor.
JOHN NEWTON (TRAD. JUAN BAUTISTA CABRERA)

Navidad

Tú dejaste tu trono y corona por mí,
Al venir a Belén a nacer;
Mas a ti no fue dado el entrar al mesón
Y en establo te hicieron nacer.
Ven a mí corazón, ¡oh Cristo!
Pues en él hay lugar para ti.
EMILY ELLIOTT

¿Qué puedo darle, pues pobre soy?
Si fuera pastor, le llevaría un cordero;
Si fuera sabio, daría razón
Pero le doy lo que puedo: mi corazón.
CHRISTINA ROSSETTI
(TRAD. LIBRE)

Cuando estás triste

Pero yo confío en tu amor inagotable; me alegraré porque me has rescatado.
(SALMO 13:5)

Cuando estás contento

…me concederás la alegría de tu presencia y el placer de vivir contigo para siempre.
(SALMO 16:11)

Cuando quieras decir "lo siento"

Lávame de la culpa hasta que quede limpio y purifícame de mis pecados.
(SALMO 51:2)

Para un cumpleaños o un día especial

Tú creaste las delicadas partes internas de mi cuerpo y me entretejiste en el vientre de mi madre…

Tú me observabas mientras iba cobrando forma en secreto, mientras se entretejían mis partes en la oscuridad de la matriz.
(SALMO 139:13, 15)

Oración de un padre por un niño enfermo

—¿Cómo que "si puedo"? —preguntó Jesús—. Todo es posible si uno cree. Al instante el padre clamó:

—¡Sí, creo, pero ayúdame a superar mi incredulidad!
(MARCOS 9:23-24)

Oración pidiendo ayuda

Oh Dios nuestro,… Somos impotentes ante este ejército poderoso que está a punto de atacarnos. No sabemos qué hacer, pero en ti buscamos ayuda.
(2 CRÓNICAS 20:12)

Búscalo en la Biblia

Capítulo 1: ¿Qué es la oración?

Busca los siguientes pasajes: 1 Samuel 1 y Jonás 2:1 para ver a una mujer que oró a Dios sin pronunciar palabra y a un hombre que oró en un lugar muy poco común. ¿Cómo se llamaba la mujer y por qué oró? ¿En qué lugar poco común oró el hombre?

Capítulo 2: ¿Con quién estoy hablando?

En 1 Pedro 3:12 aprendemos que Dios escucha la oración. Aunque Dios Padre no tiene un cuerpo y es un espíritu, Pedro menciona tres partes del cuerpo. ¿Cuáles son?

Capítulo 3: ¿Por qué orar?

Piensa en cómo necesitamos la ayuda de Dios en la vida. El salmista David tuvo una vida muy peligrosa. En la poesía y las canciones que escribió habla de lo poderoso que es Dios. Lee el Salmo 34:17-20. ¿De qué daño físico protege Dios a los justos en estos versículos? En el Salmo 91:5-6, ¿de qué otras cosas libra Dios a Su pueblo?

Capítulo 4: Comenzar a orar

Cuando pides ayuda puede ser porque te encuentres en una situación difícil y necesites una respuesta rápida. Busca el siguiente pasaje: Nehemías 2:1-6. Mira lo rápido que Dios contestó la oración de Nehemías. ¿Cuánto tiempo pasó Nehemías orando en ese capítulo? ¿Fue mucho o no?

Capítulo 5 ¿Cómo orar

Busca los siguientes pasajes para aprender sobre tres personas que oraron a Dios. Gracias: Éxodo 15:1-2. Lo siento: Salmo 51. Por favor: Juan 17.

Capítulo 6: Cuándo orar

Hay un joven en la Biblia, Daniel, que oraba regularmente. Lee el siguiente pasaje: Daniel 6:10-16. ¿Con qué frecuencia normalmente oraba Daniel? ¿Qué ocurrió cuando los otros le vieron? ¿Sabía Daniel lo que podría pasarle como resultado de orar a Dios en lugar de orar al rey?

Capítulo 7: ¿Responde Dios a la oración?

Lee Filipenses 4:4-7. ¿Qué nos dice Dios que seamos en estos versículos y qué nos dice que no seamos? ¿Cuál es la cosa clave que nos dice que hagamos en estos versículos y qué nos dará Dios cuando lo hagamos?

Capítulo 8: El Espíritu Santo ayuda

Lee Marcos 12:40; Lucas 18:9-14. En estos pasajes bíblicos se nos habla de personas que parecen estar orando pero no es así en verdad. También nos hablan de personas que piensan que están orando de una forma que agrada a Dios, pero no es el caso. ¿Quiénes son? ¿Quién era el hombre que verdaderamente estaba orando a Dios? ¿Por qué le exaltó Dios al final?

Capítulo 9: Oraciones e himnos que puedes usar

La Biblia dice algo sobre la oración de la persona justa. Busca Santiago 5:16 para averiguarlo. La Biblia nos dice que oremos por distintas personas. Aquí hay algunos ejemplos: Efesios 6:18; Lucas 6:28; Mateo 26:41.

La gran aventura

Dios te diseñó con cuidado y amor, te ama, y tiene grandes propósitos para ti. No eres producto del azar (Salmo 139). El quiere que le conozcas, y en la Biblia promete que a todos los que creyeron en Jesús y lo recibieron, "les dio el derecho de llegar a ser hijos de Dios". (Juan 1:12).

¿No quisieras ser parte de la familia de Dios y vivir con tu Creador para siempre? Hay un solo impedimento: la barrera entre Dios y nosotros que se llama el pecado. Pecado es robar, engañar, o matar, pero también es odiar, sentir envidia, guardar rencor, ser egoísta o soberbio. Es cualquier cosa que hacemos o pensamos que no agrada a Dios, quien es puro y santo.

La Biblia nos dice que "todos hemos pecado" (Romanos 3:23) y peor aún, "la paga del pecado es la muerte" (Romanos 6:23). Estamos perdidos y somos incapaces de salvarnos a nosotros mismos (Romanos 3:27-28, Efesios 2:1-3, 8-9).

Las buenas noticias son que Dios no quería estar separado de nosotros para siempre, entonces Jesús, que es Dios en forma humana, vino a la tierra para pagar la pena de muerte que merecíamos. En la cruz, pagó la condena de muerte por todo tu pecado y el mío. Jesús dice: "Yo soy el camino, la verdad y la vida; nadie puede ir al Padre si no es por medio de mí" (Juan 14:6).

Sin embargo, un regalo no es tuyo a menos que lo aceptes sin condiciones. Para recibir este regalo de perdón y paz con Dios, de libertad y vida eterna, tienes que aceptar que Jesús es quien dijo ser, y seguirle como el Señor y dueño de tu vida. La Biblia dice: "Si confiesas con tu boca que Jesús es el Señor y crees en tu corazón que Dios lo levantó de los muertos, serás salvo" (Romanos 10:9).

Si es el deseo sincero de tu corazón ser perdonado y seguir a Jesús, ¿por qué no se lo dices ahora en tus propias palabras? Puedes decirle algo como lo siguiente:

Querido Dios, gracias por amarme tanto que enviaste a Jesús para pagar la condena que yo merecía por mi pecado. Admito que he pecado contra ti. Te pido perdón por todo el mal que he hecho y te pido que me limpies por dentro. Toma el control de mi vida, y hazme la persona que quieres que sea. Gracias. En el nombre de Jesús. Amén.

"La paga del pecado es la muerte", pero las noticias maravillosas son que "el regalo que Dios da es la vida eterna por medio de Cristo Jesús nuestro Señor" (Romanos 6:23). ¡Si pediste a Dios que te perdonara y tomara el control de tu vida, esta promesa de Dios, quien siempre dice la verdad, es para ti!

Para comenzar tu nueva vida con Dios, consigue una copia de la Biblia y léela todos los días, pidiéndole a Él que te ayude a entenderla y ponerla en práctica. Pídele que te envíe amigos que también amen a Dios.

La Palabra de Dios es para ti y tiene muchas promesas e instrucciones que te ayudarán a seguir a Jesús, agradar a tu Padre y vivir en paz con el prójimo, siempre y cuando dependa de ti. Profundiza en ellas y memorízalas. Algunas sugerencias son: Salmos 23, 100, 145:13-18 y 146, Proverbios 3:5-6, Isaías 26:3-4, Isaías 40:28-31, Isaías 41:10, 13, Isaías 66:2, Juan 3:16, Juan 8:12, Juan 14:6, Juan 15:1-5, Romanos 3:23-24, 1 Corintios 13:4-7 y Efesios 2:8-10.

Habla con Dios en todo momento sobre todas las cosas. Tu Padre siempre está dispuesto a escucharte y responderte. A veces Su respuesta es "sí", a veces "espera" y a veces "no" porque tiene planeado algo mejor para ti. Dios es 100% confiable, y promete a todos Sus hijos "Nunca te fallaré. Jamás te abandonaré" de manera que decimos confiadamente: "El Señor es quien me ayuda, por eso no tendré miedo. ¿Qué me puede hacer un simple mortal?" (Hebreos 13:5-6).

Patricia St. John

Patricia St. John (1919-1993) nació en Inglaterra.
A comienzos de los años cincuenta se mudó a Tánger, Marruecos. Trabajó en Marruecos como enfermera misionera durante 27 años. Patricia viajó también por Europa, el norte de África y el Oriente Medio, como reflejan los escenarios de sus novelas.
En 1977 regresó a Inglaterra, donde cuidó de familiares ancianos y ministró desde su hogar a jóvenes, padres y madres solteros, y ancianos.
Sus libros, disfrutados por generaciones de lectores, se han traducido a muchos idiomas.

Otros libros por Patricia St John:

Tesoros de la nieve
Estrella de luz
Donde nace el río